家庭料理の手ほどき帖

惠津子流料理のたねあかし

本谷惠津子

JN034743

婦人之友社

はじめに

　ごはんがおいしいと嬉しいものです。

　「お家でつくったおいしいごはんは、人を幸せにする」——それは、貴く、ステキなことです。

　それを毎日、自由自在に、楽にできたら、人生もどんなにか楽しいものになるでしょう。そんなことを思い、半世紀にわたって試行錯誤しながら、家庭の中で料理してきました。思い返せば、働き盛りの夫、食べ盛りの子どもたちとの生活は、「食材に追いかけられる」ような日々でした。わが家の冷蔵庫は、いつも野菜でいっぱいでしたから……。けれど、だからこそ、病気知らずで駆けぬけたように思います。

　そんな私の台所しごとの土台をつくったのは、昭和初期に家庭料理の基礎を築いた沢崎梅子さんの教えです。本書に最初に出てくる「目ばかり・手ばかり」は、沢崎さんが『婦人之友』誌上で提案され、読者に広まった知恵です。

　当時、学生だった私は、料理教室で直接"手ほどき"を受けました。「料理には、味つけひとつにも理論があり、知的なもの」と学んだことは、宝ものです。そこから日々、私なりに紡いできた実践を、本書を通じてお伝えできれば幸いです。

　家族がいても、一人暮らしであっても、生きるということは食べること。食べるということは、生きること。生き生きと毎日をすごすために、なにを食べようか、なにをつくろうかと、自分の食卓を確保することが、いつも楽しみであってほしいと願います。

　この本を手にしてくださった方に、なにかひとつでも、「やってみよう!」「これでいいんだ!」と思っていただけますように。つくり手が、幸せを感じながら調理することが、おいしさの大元です。ぜひ、幸せな気持ちで台所に立っていただけることを願っております。

本谷恵津子

3　忙しい毎日を助ける　「ちょっと調理＝もとづくり」　43

本書は、月刊誌『婦人之友』の連載「もっと料理上手に」（2016年）および
特集記事をもとに、加筆・撮影を行い、構成しました。

この本のきまり
○この本の表記について
1カップは200ml、1合は180ml、
大さじ1は15ml、小さじ1は5mlです。
○レシピや写真のそばに1人分の
野菜、大豆製品、海藻の摂取量、
あるいは総量を記しました。野菜
たっぷりの献立づくりに、どうぞ
お役立てください。

1
身につけたい！
料理の急所

料理を楽しむためには、
いくつかの急所を押さえておくことが大切です。
それは、重さの見当をつけるための方法や、
おいしさの決め手となる塩加減。
なにげなく調理をしているようで、
実はおいしさを左右する大切なポイントです。
この知識を頭に入れておくだけで、
毎日の料理がぐんと楽になりますよ。

［その1］ 目ばかり

目ばかりとは、秤を使わなくても、自分の目と手でおよその見当をつけること。
材料の重さを知ることは、おいしさにつながります。

重さの基本
卵（小）1個＝約50g

大きさが同じなら、
重さもほぼ同じ

　重さの見当をつけるときに基準となるのが卵です。卵（小）の重さはおよそ50g。まずは、卵（小）1個を基準に、同じくらいの大きさなら重さもほぼ同じと覚えましょう。このサイズ感を覚えれば、野菜や果物のほか、丸めたひき肉、ごはん、豆腐、味噌なども、卵大なら約50gとわかります。目と手の感覚に慣れてくると、袋に入った野菜でも、およその重さがわかるので、料理がスムーズになります。

200mlの計量カップに入る大きさ
‖
200g

　同じように200gの重さの見当をつけるときには、200mlの計量カップが目安になります。計量カップにすっぽり入るくらいの大きさであれば、だいたい200gです。この大根は、計量カップにすっぽり入るサイズなのでおよそ200gだとわかります。

だいたいの重さを覚えましょう
よく使う野菜や果物の重さがわかると、
買いものの助けになります。

50g
里芋
ピーマン
みかん（小）

100g
きゅうり
じゃが芋
茄子

200g
ほうれん草（1束）
トマト
玉ねぎ

9

重さの見当をつける

[その2] 手ばかり

刻んだ野菜も、手を秤代わりにすれば、重さを知ることができます。
わざわざはかる必要がないので、とても便利です。

片手の手のひらではかれるのは

卵（小）2個　　　　　　　　　　　約100g

　形のある野菜や果物なら、片手の手のひらにのる量がおよそ100g、両手のひらにのる量がおよそ200gとなります。
　刻んだ野菜であれば、合わせたひと山が片手でおおえる量なら100gで、両手でおおえる量なら200gの目安となります。
　忙しい調理の間でも、手で重さの見当がつけられれば、楽なうえ、味つけの急所となる塩分濃度（P.14）を決めるときにも役立ちます。

100g（片手ではかる）

片手にのるそのままの人参小1本

片手にのる卵大の人参とピーマン

片手でおおえるせん切りの人参

200g（両手ではかる）

両手にのる里芋4個

両手でおおえるせん切りのキャベツ

大きさの見当をつける

［その3］ 手ものさし

手は秤の代わりになるだけでなく、ものさしの代わりにもなるのです。
忙しい毎日の中で、料理を手際よくするためのひとつの知恵です。

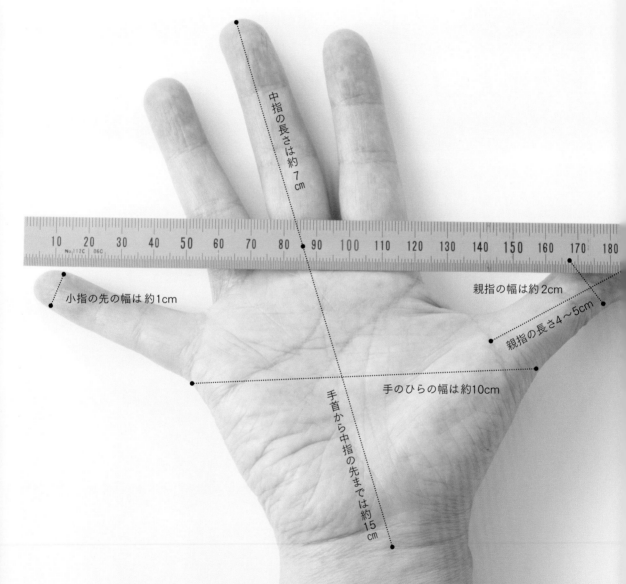

中指の長さは約 7cm

小指の先の幅は 約1cm

親指の幅は約2cm

親指の長さ4〜5cm

手のひらの幅は約10cm

手首から中指の先までは 約15cm

　手は万能なものさしです。手首から中指の
先までは約15cm。手のひらの幅は約10cm、
中指の長さは約7cm、親指の長さは4〜
5cm、親指の幅は約2cm、小指の先の幅は約
1cm などと、手をものさしにして長さを知
ることができます。

　また、中指の長さは200mlの計量カップ
の高さとほぼ同じなので、覚えておきましょ
う。簡単にはかれるので、長さが必要な調理
のときもすぐに見当をつけられ、刻みものな
どにも活かせます。

　手の大きさは個人差があるので、自分の手
や指の長さを覚えておくとよいでしょう。

10cm
昆布
（材料として）

1cm
人参
（炒めものなど）

2cm
さやいんげん
（炒めものなど）

5cm
ほうれん草
（おひたしなど）

7cm
大根
（材料として）

おいしさの決め手

[その1] 塩加減

塩分は味つけの土台。" 材料の味が引き立ち、おいしさが決まる "
それが塩加減なのです。
ちょうどよい塩加減になるよう、しっかり押さえておきましょう。

塩分濃度の出し方

$$塩の重さ(g) = \frac{材料の重さ(g) \times 塩分(\%)}{100}$$

　材料の重さは、秤いらずの「目ばかり」「手ばかり」が役立ちます。
　また材料の重さは、正味の重さ（米は炊きあがり、根菜は皮をむく、乾物はもどすなど）です。例外として、汁ものや鍋もの、野菜の塩ゆでなどは、水分量に対しての塩分になります。

　調理の際に大切なのは、塩分・糖分・油分ですが、糖分と油分には好みや地域による差があります。しかし「よい塩梅」という言葉があるように、塩分はおいしいと感じる量が、およそ決まっています。それは材料の重さに対して 0.8 〜 1.5%。おもしろいことに、人間の体内の塩分濃度（0.9% ＝生理食塩水の塩分）に共通します。

　「料理のたびに計算するのは面倒」と思われるかもしれませんが、慣れてくればこんなに便利なことはありません。「今日のは濃かった」「薄かった」と、つくるたびにばらつくことがなく、味がぴたりと決まるので、料理がどんどん楽しくなるはずです。
　大きく6つの塩分濃度に分けられますので、詳しくはP.16以降でご紹介します。

知っておきたい塩のこと

塩としょうゆの塩分の関係

塩分1g ＝ 塩1g ＝ しょうゆ6g

　分量に置き換えると、しょうゆ大さじ1と塩小さじ½は、ほぼ同じ塩分量となります。この式を覚えておくと、全体の塩分量を計算するときに便利です。

＊塩、砂糖、小麦粉などの粉状のものは、山盛りにすくってからすりきりにします。押しつけないように注意してください。

塩分1g ＝ 塩ひとつまみ ＝ しょうゆ小さじ1

塩分2.5g ＝ 塩小さじ½ ＝ しょうゆ大さじ1

塩分5g ＝ 塩小さじ1 ＝ しょうゆ大さじ2

塩小さじ½　　しょうゆ大さじ1

塩・「少々」と「ひとつまみ」

　レシピによく出てくる、塩少々や塩ひとつまみ。変わらないように感じますが、実際は、塩分量0.5gと1gになり、倍違うのです。このことも頭に入れておくと、野菜の塩ゆでや、下味をつけるときなどに役立ちます。

少々

指2本(0.5g)

ひとつまみ

指3本(1g)

おいしさの決め手

［その2］ 6つの塩分濃度

塩分のつけ方には決まりがあります。
なにに対して塩分をつけるのかがポイントです。

塩分のつけ方〈早見表〉

塩分濃度	料理	基準となるものと塩分濃度	塩分の加減	代表的なレシピ
0.6% 〜 0.8%	味つきごはん	ごはんの重さに対して0.6%に		味つきごはん（P.34）酢めし（P.38）
	汁もの、スープ、鍋もの	水分に対して0.8%。ただし具だくさんの豚汁などは、水分と具を合わせた重さに対して0.8%に	汁まで飲める塩分	かきたま汁（P.17）
1%	野菜の塩ゆで、下味	湯の量に対して1%（湯1Lに10g＝小さじ2）。青菜の場合、0.3〜0.4%の塩分を吸収	すすってみて、すまし汁より少し濃いくらいの塩加減	野菜の塩ゆで、軽い下味に（P.17）パスタをゆでる（P.81）
1.2%	ふだんのおかず煮もの、炒めもの	肉と野菜の重さに対して1.2%	そのままで食べるおかずの塩加減。塩分は塩としょうゆで	肉じゃが（P.18）
1.5%	少し濃いめのおかず2〜3日もつ常備菜、お弁当のおかず	肉と野菜の重さに対して1.5%	少し濃いめの味つけ	きんぴらごぼう（P.18）
2%	浅漬け	野菜の重さに対して2%	冷蔵庫で4〜5日ほどもつ塩分	きゅうりの浅漬け（P.19）
3%	漬けもの	野菜の重さに対して3%	2〜3週間保存のきく味	大根の漬けもの（P.19）

　おかずと漬けものの塩分が違うように、塩分にはどう食べるかによって6つの濃度があります。また、なにに対して塩分をつけるのかも重要となります。
　おかずについては、大きく分けると0.8%、1%、1.2%、1.5%、2%、3%の6つの塩分濃度です。それに、味つきごはんをつくるときの塩分濃度である0.6%を加えた7つの塩分のつけ方を表にまとめました。それぞれがどの料理にむき、なにに対しての塩分なのかがひと目でわかります。P.17〜19のレシピを型紙として覚えましょう。

汁もの、スープ、鍋もの

野菜
約10g
（1人分）

かきたま汁 〔0.8%〕

材料（4人分）

だし…3カップ（600ml）　　卵…2個

塩…小さじ¾　　　　　　　水とき片栗粉

薄口しょうゆ…少々　　　　（片栗粉小さじ1を
　　　　　　　　　　　　　大さじ1の水でとく）
三つ葉…½束

（2〜3cmに切る）

つくり方

1　だしに塩、薄口しょうゆを加えて火にかけ、水
　とき片栗粉で薄くとろみをつける。

2　火を強めて三つ葉を入れ、といた卵を糸のよう
　に流し入れ、すぐ火を止める。

　○600mlのだしに対して0.8%の塩分は4.8g。風味
　づけに薄口しょうゆを加えるため、塩は控えめに、小
　さじ¾にする。

野菜の塩ゆで、下味

野菜の塩ゆで 〔1%〕

つくり方

野菜をゆでるときは、湯の量に対して1%の塩（1Lに
小さじ2）を加えると、野菜のうまみ、甘みが引き出
される。すまし汁より少し濃いくらいと覚えましょう。

軽い下味に 〔1%〕

つくり方

白菜やキャベツに重さの1%の
塩をふってもむと、ほどよい塩
けがつき、サラダ、炒めもの、
蒸し煮などに重宝。保存袋など
に入れ、冷蔵庫で4〜5日保存
可能。水けをしぼって使う。

ふだんのおかず（煮もの、炒めもの）

野菜
約200g
（1人分）

肉じゃが 1.2%

材料（4〜6人分）

牛こま切れ肉…200g

じゃが芋…500g（4〜5個）

玉ねぎ…200g（1個）

さやいんげん…100g

A｜しょうゆ…大さじ3
　｜塩…小さじ1弱
　｜砂糖、酒…各大さじ2〜3

昆布水（P.42）…500ml

つくり方

1　じゃが芋は皮をむき、4つ割りにして水にひたす。玉ねぎは2mmくらいの縦の薄切りにする。さやいんげんは長ければ半分に切り、熱湯でさっとゆでる。

2　鍋に肉を入れ、箸でほぐしながら火を通し、酒をふり入れ、昆布水を昆布ごと注ぎ、強火にしてアクを取る。

3　1の玉ねぎ、じゃが芋を加え、Aを入れて落としぶたをし、中火弱でことこと煮る。

4　さやいんげんをちらし入れ、火を強くして煮汁をとばす。

〇材料1kgに1.2％なので、塩分は1000×1.2÷100=12g。しょうゆ大さじ3（塩分約7.5g）と塩小さじ1弱（塩分約4.5g）を合わせて12g。

少し濃いめのおかず（お弁当、2〜3日もつ常備菜）

野菜
500g
（総量）

きんぴらごぼう 1.5%

材料（つくりやすい分量）

ごぼう…300g

人参…200g

A｜しょうゆ…大さじ3
　｜みりん…大さじ2
　｜砂糖…大さじ1

ごま油…大さじ1

つくり方

1　ごぼうはたわしで洗い、厚さ1〜2mm、長さ4〜5cmの斜め薄切りにし、水にさらして水けをきる。人参は縦半分に切って斜め薄切りにする。

2　鍋にごま油を熱し、1を炒め、油がまわってきたら水少々をふりかけながらしんなりさせる。

3　Aを加え、炒りあげる。好みで七味唐辛子をふってもよい。

〇材料500gに1.5％なので、塩分は500×1.5÷100=7.5g（しょうゆ大さじ3）。塩小さじ1+しょうゆ大さじ1で、薄い色に仕上げても。

浅漬け（冷蔵庫で4〜5日間）

野菜
約600g
（総量）

きゅうりの浅漬け 2%

材料とつくり方（つくりやすい分量）

きゅうり5本を保存容器などに入れ、2%の塩をふってなじませる。まな板の上で転がし、板ずりする。冷蔵庫に入れ、2〜3時間で食べごろに。4〜5日保存可能。左写真は乱切りにして赤かぶの酢漬けと盛り合わせたもの。

○きゅうりは1本約100gなので、5本に対して塩は10g（小さじ2）。

密閉袋や保存容器などに入れて保存。

漬けもの（2〜3週間保存がきく）

野菜
500g
（総量）

大根の漬けもの 3%
（べったら漬け風）

材料とつくり方（つくりやすい分量）

水分と一緒に塩けも抜けるので、食べるときには1〜2%の塩分になる。乱切りにした大根½本と種を取った赤唐辛子1〜2本を保存容器などに入れ、3%の塩を加えてもみ、冷蔵庫で一晩おく。唐辛子は入れなくてもよい。2〜3週間ほど冷蔵保存可能。そのままいただくほか、柚子の皮と甘酒で和える（左写真）。

○大根は1本約1kgなので、½本（500g）なら塩は15g（大さじ1）。

同じようにいろいろな野菜を塩分3%で漬けものにするとよい。

1日にとりたい 野菜と果物 約500g

忙しい毎日では、どうしても野菜が不足しがちですね。
私は、1日に食べたい野菜と果物の目安量を決めています。
そうすると、意識して野菜を食べることができるからです。
野菜が不足すると、風邪をひきやすくなったり、肌が荒れることも……。
元気でいるための野菜と果物の目安量は、1日およそ500g。
もし1日で難しければ、翌日の献立に加えるなど、
2〜3日で過不足を調整します。

1日にとりたい野菜と果物 約500g
=
淡色野菜（200g）＋緑黄色野菜（100g）＋芋類（100g）＋果物（100g）

(2) : (1) : (1) : (1)

「野菜と果物は1人1日およそ500g」と
覚えておきましょう。野菜は、朝と昼で
150g、夜に250gほどを目安に食べるよう
に心がけます。

淡色野菜とは……玉ねぎ、キャベツ、大根など
緑黄色野菜とは……人参、ピーマン、ほうれん草など
芋類とは……じゃが芋、さつま芋、里芋など
果物とは…りんご、みかん、いちごなど

野菜以外の食品は、
以下の数字を参考にしてください。

**1日にとりたい食品の目安の量より
（30〜49歳の女性の場合）**

肉・魚→約100g
卵→約40g
牛乳・乳製品→約200g
豆・大豆製品→約80g
穀類→約240g

全国友の会（『婦人之友』の読者の集まり）南関東部案

2

覚えておきたい！
「味つけの型紙」と
そのレシピ

味つけが決まらないという人でも
簡単に味が決まる魔法の法則があります。
それは「3：2：1：1」。
大さじを使った調味料の割合です。
この「3：2：1：1」で、
おかずに使える4つの味が手軽につくれます。
ほかにも、よく使うドレッシングや味つきごはんなど、
知っておくと重宝する型紙を紹介します。

おかずの型紙「*3:2:1:1*」

料理のたびにレシピを見なくても、いつでもおいしくできあがる！
笑顔になる味つけの配合です。

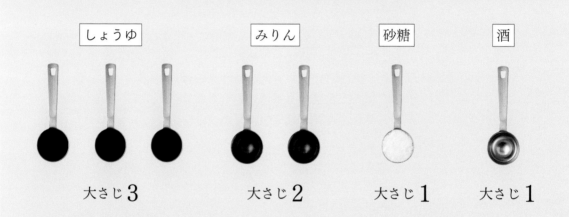

しょうゆ味の「*3:2:1:1*」
和食の基本、
照り焼きの味です。

しょうゆ			みりん		砂糖	酒
大さじ3			大さじ2		大さじ1	大さじ1

使い方
肉、魚の照り焼き、蒲焼き、きんぴら、生姜焼き（生姜の絞り汁を加
える）、煮ものなどに。

レシピ
○鶏肉の照り焼き→ P.24
○サイコロステーキ丼 イタリア風→ P.25

　まず、基本の調味料を「3:2:1:1」の割合で配合した、ごはんに合うしょうゆ味、味噌味、和風酢じょうゆ味、ケチャップ入り甘酢味の4種類を覚えましょう。私たちの普段の食卓になじみのある味ばかりです。いつも安定した味になるだけでなく、何十通りもの料理に応用することができます。

　この「3:2:1:1」を合わせて煮立たせて、保存容器に入れておけば、冷蔵庫で1カ月ほど保存することも可能。

　また、調味料を合わせておくだけでもよく、料理が楽になります。

味噌味の「3:2:1:1」
コクと旨みが増す味つけです。
風味を生かすため、煮ものの場合は味噌を最後に加えましょう。

味噌	砂糖	しょうゆ	酒
		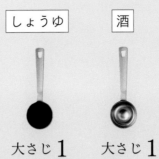	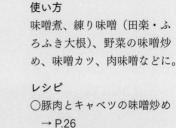
大さじ3	大さじ2	大さじ1	大さじ1

使い方
味噌煮、練り味噌（田楽・ふろふき大根）、野菜の味噌炒め、味噌カツ、肉味噌などに。

レシピ
○豚肉とキャベツの味噌炒め
　→ P.26
○さばの味噌煮→ P.27

和風酢じょうゆ味の「3:2:1:1」
さっぱりとした味つけです。
野菜や魚介類によく合います。

酢	しょうゆ	砂糖	酒

大さじ3	大さじ2	大さじ1	大さじ1

使い方
南蛮漬け、揚げ野菜の和風マリネ、煮なます、鍋もののたれなどに。

レシピ
○小あじの南蛮漬け→ P.28
○豆腐ステーキ　きのこ添え
　→ P.29

ケチャップ入り甘酢味の「3:2:1:1」
まろやかな中国風の味つけです。
肉にも魚介類にも合います。

ケチャップ	酢	しょうゆ	酒
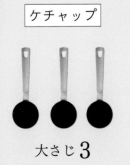		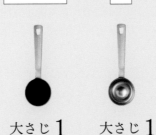	
大さじ3	大さじ2	大さじ1	大さじ1

使い方
酢豚、えびのチリソース、中華丼、白身魚の唐揚げなどに。

レシピ
○肉だんご→ P.30
○えびとスナップえんどうの
　チリソース→ P.31

野菜
約30g
(1人分)

しょうゆ味の *3:2:1:1* を使って

鶏肉の照り焼き

大人から子どもまで大好きな味。お弁当にもぴったりですよ。

材料(4人分)

鶏もも肉…300〜400g

しし唐辛子…8〜10本

エリンギ…1本

小麦粉、サラダ油、
　塩、胡椒…各適量

[しょうゆ味の3:2:1:1]

A ｜ しょうゆ…大さじ3
　｜ みりん…大さじ2
　｜ 砂糖…大さじ1
　｜ 酒…大さじ1

つくり方

1　かるく切れ目を入れたしし唐辛子と、3〜4本に
　　さいたエリンギをフライパンで軽く塩、胡椒し
　　て素焼きし、取り出しておく。

2　鶏肉は大きめのそぎ切りにして小麦粉をまぶし、
　　1のフライパンに少量の油をひいて揚げ焼きする。

3　2にAを入れ、煮立たせながら肉にからめる。

4　器に3を盛り、1を添える。

＊カレー粉大さじ½を加えるとカレー味に。お好みで調
整してください。

[合わせる料理のヒント]
大根の漬けもの(P.19)、グリンピースとバターの洋風まぜごはん(P.36)、
サラダずし(P.84)、野菜500gの浅漬け(P.88) など

野菜
約130g
（1人分）

しょうゆ味の *3:2:1:1* を使って

サイコロステーキ丼　イタリア風

野菜もたくさんとれるボリューム満点の丼。彩りも豊かで食欲が湧きます。

材料（4人分）

牛サイコロステーキ肉…300g

塩…小さじ½（肉の重さの0.8％の塩分）

胡椒…適量

エリンギ、茄子、ズッキーニ、
　赤・黄パプリカ…各1〜2個
　（合わせて約500g）

にんにく…1片

赤唐辛子…1本

オリーブオイル…大さじ2

温かいごはん…4杯（600〜800g）

［しょうゆ味の3：2：1：1］

A
　しょうゆ…大さじ3
　みりん…大さじ2
　砂糖…大さじ1
　酒…大さじ1

つくり方

1　牛肉に塩、胡椒をする。

2　エリンギ、茄子、ズッキーニ、赤黄パプリカは
　約2cmのサイコロ状に切る。

3　にんにくは薄切りにし、赤唐辛子は種を除く。

4　フライパンにオリーブオイル、3のにんにく、赤
　唐辛子を入れて弱火にかけ、にんにくが色づい
　てきたら、1の牛肉、2の野菜を加えて強火で炒
　める。

5　まぜ合わせたAを入れ、汁けがほとんどなくな
　るまで炒める。

6　器に温かいごはんを盛り、5をのせる。

＊好みであらびき胡椒をかける。

野菜
約130g
(1人分)

味噌味の *3:2:1:1* を使って

豚肉とキャベツの味噌炒め

さっと炒めるだけですがボリュームも味つけも大満足。
ご飯がすすむおかずです。

材料（4人分）

豚小間切れ肉…300g

キャベツ…約300g

きくらげ…10g

長ねぎ…1本

にんにく…1片

生姜…1片

豆板醤…小さじ1〜2

サラダ油…大さじ1

［味噌味の3:2:1:1］

A
味噌…大さじ3
砂糖…大さじ2
しょうゆ…大さじ1
酒…大さじ1

つくり方

1 きくらげは、ぬるま湯に15〜30分つけて戻しておく。

2 キャベツはざく切り、1のきくらげは軸を除いてざく切り、長ねぎは大きく斜め切りにする。にんにくは薄切り、生姜は皮ごと薄切りにする。

3 フライパンか中華鍋に油、2のにんにく、生姜を入れて弱火で熱し、香りが出たら豆板醤、豚肉を入れて強火にして炒める。

4 2のキャベツ、長ねぎ、きくらげを加えて炒め、油がまわったら、合わせたAを入れて手早くまぜ、火を止める。

野菜
約30g
（1人分）

味噌味の *3：2：1：1* を使って

さばの味噌煮

味噌は最後に加えます。味噌煮の大切なポイントで、さばのくさみが消えます。

材料（4人分）

さば…4切れ（400g）
生姜（薄切り）…4〜5枚
長ねぎ…1本
水…¾カップ

[味噌味の3：2：1：1]

A
味噌…大さじ3
砂糖…大さじ2
しょうゆ…大さじ1
酒…大さじ1

つくり方

1　長ねぎは1cm幅の斜め切りにする。

2　鍋に水½カップとAの砂糖、しょうゆ、酒と、生姜を入れて煮立てる。

3　さばの皮に十文字の切れ目を入れて、皮目を上にして鍋に入れ、落としぶたをして中火で煮る。煮立ったら落としぶたを取り、とろ火で10分煮る。

4　1の長ねぎを加え、味噌と残りの水¼カップをとき入れ、煮汁をかけながらとろりとするまで煮る。

[合わせる野菜料理のヒント]
野菜のもと3種のレシピ（P.52〜54）、野菜の甘酢漬け（P.90）など

和風酢じょうゆ味の *3:2:1:1* を使って

小あじの南蛮漬け

骨まで食べられるよう、低温の油でゆっくりカラリと揚げます。

材料（4人分）
小あじ（または豆あじ）…500〜600g
塩、小麦粉、揚げ油…適量
[和風酢じょうゆ味の3：2：1：1]
A｜
酢…大さじ3
しょうゆ…大さじ2
砂糖…大さじ1
酒…大さじ1

つくり方
1　小あじはえらとわたを出してぜいごを取り、洗って薄塩をする。
2　1の小あじの水けを拭き取り、薄く小麦粉をまぶして160℃の油で7〜8分揚げる（豆あじはそのまま素揚げ）。
3　Aを煮立ててバットに入れ、油をきった2のあじを漬けおきする。
＊漬けてすぐでもおいしく、3〜4日漬けてもよい。

[合わせる野菜料理のヒント]
ほうれん草のおひたし（P.54）、大豆のカレー煮（P.62）、夏野菜の煮こみ（P.70）など

野菜
約80g
(1人分)

豆製品
約150g
(1人分)

和風酢じょうゆ味の *3:2:1:1* を使って

豆腐ステーキ きのこ添え

豆腐を大きく使った大胆なレシピ。きのこで食べごたえをプラスして。

材料(4人分)

木綿豆腐…2丁

小麦粉…適量

しめじ、生椎茸、えのき茸など
　　…合わせて200〜300g

にんにく(薄切り)…小1片

赤唐辛子(輪切り)…1本分

サラダ油…大さじ2

バター…大さじ1

[和風酢じょうゆの3:2:1:1]

A
酢…大さじ3
しょうゆ…大さじ2
砂糖…大さじ1
酒…大さじ1

つくり方

1　豆腐は厚さを半分にし、水けをきる。

2　きのこ類は石づきを取り、食べやすく薄切りに
　するか、ほぐす。

3　フライパンに油大さじ1とにんにくをゆっくり
　弱火できつね色に炒めたら、赤唐辛子、2のきの
　こ類を入れて強火でさっと炒め、取り出す。

4　同じフライパンに油大さじ1、バターをとかし、
　小麦粉をまぶした1の豆腐を入れて両面に焼き
　色がつくまで焼き、Aをからめる。

5　4を器に盛り、3を添える。

＊3で豚ひき肉や鶏ひき肉を加えてもよい。

ケチャップ入り甘酢味の *3：2：1：1* を使って

肉だんご

少ない油で揚げ焼きにします。子どもが大好きな味です。

材料（4人分）

A
| 豚ひき肉…400g
| とき卵…1個分
| 長ねぎ（みじん切り）…大さじ2
| 生姜汁…大さじ1
| 塩…小さじ⅓
| 小麦粉…大さじ2

揚げ油…適量

［ケチャップ入り甘酢味の3：2：1：1］

B
| ケチャップ…大さじ3
| 酢…大さじ2
| しょうゆ…大さじ1
| 酒…大さじ1

つくり方

1　Aをボウルに入れ、よくまぜ合わせて一口大に丸める。

2　1の肉だんごが半分つかる位の油で、揚げ焼きにする。

3　Bを煮立てて、2の油をきった肉だんごを入れてからめる。

［合わせる野菜料理のヒント］
野菜のもと3種のレシピ（P.52〜54）、酢油キャベツ・酢玉ねぎ（P.93）など

野菜
約100g
（1人分）

ケチャップ入り甘酢味の *3:2:1:1* を使って

えびとスナップえんどうのチリソース

主役のえびとえんどうの彩りで華やぐ一皿。甘酸っぱいソースにからめて。

材料（4人分）

むきえび（大）…300g

酒…大さじ2

スナップえんどう…300g

長ねぎ…1本

サラダ油…大さじ1

A
| 豆板醤…小さじ2
| 片栗粉…小さじ1
| 水…¼カップ

[ケチャップ入り甘酢味の3:2:1:1]

B
| ケチャップ…大さじ3
| 酢…大さじ2
| しょうゆ…大さじ1
| 酒…大さじ1

つくり方

1　えびは背わたをのぞきながら包丁目を入れて酒をふる。

2　スナップえんどうは筋を取り、1%の塩（分量外）を入れた熱湯でかためにゆであげる。長ねぎは、斜め薄切りにする。

3　中華鍋またはフライパンに油を熱し、2の長ねぎを炒め、次に1のえびを加えてよく火を通す。

4　AとBをまぜ合わせ、3に入れて手早くからめ、スナップえんどうを加えてひとまぜし、火を止める。

洋風ドレッシングの型紙

ポイントは、酢＋油のかさに対して、約3％の塩分と同量の砂糖を加えること。
この塩分の法則さえ守れば、酢と油の割合、種類は自由です。

基本の洋風ドレッシング
（200ml）

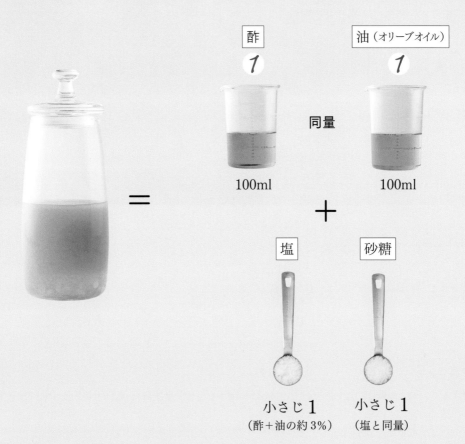

酢		油（オリーブオイル）
1		**1**

同量

100ml   100ml

＋

塩	砂糖
小さじ1	小さじ1
（酢＋油の約3％）	（塩と同量）

材料とつくり方（200ml分）
ボウルに酢100ml、塩、砂糖各小さじ1を入れ、塩がとけるまで泡立て器でまぜる。油（オリーブオイル）100mlを少しずつ加えながら、さらによくまぜる。胡椒を加えてもよい。

アレンジ
酢はバルサミコ酢、ワインビネガー、柑橘類のしぼり汁、油はサラダ油、ごま油など、取り合わせを楽しんで。酢と油の割合は1:2や1:3など、酸味は好みで調整を。

保存法
保存容器に入れ、冷蔵庫で約1カ月保存できる。よくふって全体をまぜてから使う。

トマトサラダ

野菜
50g
(1人分)

食べる直前にドレッシングと
ふんわりまぜ合わせて。

材料(4人分)
トマト…中1個(150g)
ベビーリーフ…30g
バジルの葉…10g
イタリアンパセリ…10g
基本の洋風ドレッシング(P.32)
　…適量

つくり方
1　トマト、ベビーリーフ、バジルの葉、イ
　　タリアンパセリを食べやすく切る。
2　1を合わせて器に盛り、食べる直前にド
　　レッシングをかける。

＊サラダは1人分50g、漬けものは1人分30gと
考えます。

洋風ドレッシングのアレンジ！
花野菜のアンチョビソース

野菜
約100g
(1人分)

パン粉の香ばしさやパリッとした食感が
ゆで野菜と合います。

材料(4人分)
ブロッコリー…1株(200g)
カリフラワー…½株(200g)
A｛
　にんにく(みじん切り)…1片
　オリーブオイル…大さじ3
　レモン汁…大さじ2
　白ワイン…大さじ1
　アンチョビ(フィレ)…4〜5枚
　レーズン、松の実…各大さじ2
パン粉(軽くローストする)…大さじ4

つくり方
1　ブロッコリーとカリフラワーは小房にほ
　　ぐし、茎は皮を厚めにむいて食べやすく
　　切り、1％の塩(分量外)を入れた熱湯でゆ
　　であげ、器に盛る。
2　フライパンにAのオリーブオイル、にん
　　にく、アンチョビを入れて木べらでほぐ
　　しながら弱火で炒め、香りが出たら白ワ
　　イン、レーズン、松の実を加えてさっと
　　炒め、火を止める。
3　2にレモン汁を加え、熱いうちに1にま
　　わしかけ、パン粉をちらす。

＊オリーブオイル：レモン汁＋白ワインで1：1、
塩の代わりにアンチョビ、砂糖の代わりにレーズ
ンを使いました。

味つきごはんの型紙

野菜やきのこなどを入れた炊きこみごはんは、それだけでごちそうです。
塩加減は炊きあがったごはんの重さに対して 0.6％が基本です。

基本の味つきごはんの塩分

$$\frac{米 1 カップ（炊きあがり400g）× 0.6％（基本の塩分）}{100}$$

$$=$$

塩分 2.4g →塩約小さじ½＝しょうゆ約大さじ1

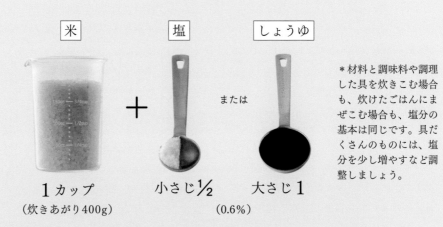

| 米 | 塩 | しょうゆ |

または

＊材料と調味料や調理した具を炊きこむ場合も、炊けたごはんにまぜこむ場合も、塩分の基本は同じです。具だくさんのものには、塩分を少し増やすなど調整しましょう。

1カップ　　　小さじ½　　大さじ1
（炊きあがり400g）　　（0.6％）

今回は米1カップ＝200ml としています。炊飯器付属のカップ（合）
ではかる場合は、材料も調味料も分量より少し控えてください。
・米1カップ＝かさ 200ml ／重さ 160g ／炊きあがり 400g
・米1合＝かさ 180ml ／重さ 140g ／炊きあがり 350g

水加減と具の割合
・水の量は、米のかさに対して 1〜2 割増しが目安です。かため、柔らかめなど、好みで加減してください。新米の場合は、米のかさと同量くらいに。酒やしょうゆを入れる場合は、それらを加えて水加減します。
・米と具の分量は、かさで 3：1 の割合にするとちょうどよいでしょう。

野菜
約10g
（1人分）

生姜と油揚げの炊きこみごはん

基本の塩分量で、シンプルに。生姜のさわやかな香りを楽しみます。

材料（つくりやすい分量）

米（といでおく）…2カップ

塩…小さじ1

酒…大さじ3

水…480ml（酒と合わせて）

昆布…2枚（5cm角）

生姜…20g　┐合わせて
油揚げ…1枚　┘⅔カップ

つくり方

1　生姜は太めのせん切り、油揚げは5mm幅の細切りにする。

2　炊飯器に米、塩、酒、水を入れてなじませる。

3　昆布と1の生姜、油揚げを加えて普通に炊く。

＊昆布をそのまま入れてもおいしくできあがりますが、だしの出た「昆布水」（P.42）を使って炊くと、昆布のうまみがより生きたごはんになります。時間にゆとりがあるときは、前の晩や朝に昆布を水につけておくとよいでしょう。

［塩分の型紙］

米
2カップ

＋

塩
小さじ1

野菜
約15g
（1人分）

グリンピースとバターの洋風まぜごはん

炊いたごはんに具をまぜこむつくり方。子どもたちも喜んでおかわりします。

材料（つくりやすい分量）
米（といでおく）…2カップ
塩…小さじ½
水…440〜480ml（1〜2割増し）
グリンピース（生）…⅔カップ
バター…大さじ1
＊バターが入るので塩は控えめに。

つくり方
1　炊飯器に、米と水を入れ、普通に炊く。
2　グリンピースは1%の塩（分量外）を入れた湯でゆで、そのまま冷ます。
3　炊いたごはんに、水けをきったグリンピース、塩、バターを入れてまぜ合わせる。

［塩分の型紙］

米
2カップ
＋
塩
小さじ½
＋
バター
大さじ1

野菜
約25g
(1人分)

たけのこごはん

たけのこに調味料をからめて炊きこみます。塩分の半量をしょうゆにして、香りよく。

材料（つくりやすい分量）

米（といでおく）…2カップ

ゆでたけのこ…

　　刻んで⅔カップ（約100g）

塩…小さじ½

しょうゆ…大さじ1

酒…大さじ2

水…440ml

昆布…2枚（5cm角）

木の芽…適量

つくり方

1　ゆでたけのこは食べやすい大きさに薄切りし、
　　さっと湯通しして、塩、しょうゆ、酒をからめる。

2　炊飯器に米と水、昆布を加え、1を入れ普通に炊く。

3　さっくりとまぜて器に盛り、木の芽を飾る。

＊ごま油を数滴落として炊くと、風味が増しておいしい。

［塩分の型紙］

米
2カップ　＋　塩
小さじ½　＋　しょうゆ
大さじ1

酢めしの型紙

お祝い事に欠かせないお寿司。
酢めしも塩分に気をつければ、失敗なくつくることができます。

基本の合わせ酢

米		酢	塩	砂糖
10	:	**1**	小さじ½	小さじ1
1カップ （かさ200ml）		20ml		

　酢めしの塩分も基本の味つきごはんの塩分
（0.6％）と同じで、米1カップに対して塩小
さじ½の割合です。
　酢と砂糖の分量は、地域や家庭によって特
色、好みがあるので、ひとつの目安としてく
ださい。米のかさと同量の水加減で、ややか
ために炊きます。

材料（4人分）
米（といでおく）…2カップ
酒…大さじ2
水…酒と合わせて2カップ
昆布…2枚（5cm角）

[合わせ酢]
酢…40ml
塩…小さじ1
砂糖…小さじ2

つくり方
1　米は昆布を入れ酒と合わせて2カップの水で炊く。
2　合わせ酢はよくまぜ合わせる。
3　飯台（またはボウル）にごはんをあけ、冷めない
　　うちに合わせ酢をかけて、しゃもじで切るよう
　　にまぜる。酢がすっかりまざったら、うちわで
　　あおぎながら人肌ほどに冷ましてできあがり。

野菜
約20g
（1人分）

まぐろの漬け丼 韓国風

家族が好きなまぐろをにんにく、生姜、しょうゆ、ごま油などの香味だれに漬けこんで。
より風味が増し、食欲をそそります。

材料（4人分）

まぐろ切り落とし（刺身用）
　　…300g
長ねぎ…½本

A
おろしにんにく、おろし生姜
　　…各小さじ1
白いりごま…大さじ2
しょうゆ…大さじ2
酒…大さじ1
ごま油…小さじ1
砂糖…小さじ½

酢めし（P.38）…4人分（600g程度）

つくり方

1　長ねぎは5cm長さのせん切りにする。

2　バットにAの香味だれを入れてまぜ合わせ、ま
　　ぐろにまぶしつける。1の長ねぎをちらしてのせ、
　　15分～半日ほど冷蔵庫でおく。

3　器に酢めしを盛り、2をのせる。

＊さっとからめる
だけでもよいが、
冷蔵庫でおくとよ
り味がなじんでお
いしい。

覚えてらくらく
合わせ調味料3種

常備したい八方だし、ポン酢、洋風ソースの型紙を紹介します。
身近な材料でつくる、合わせ調味料です。

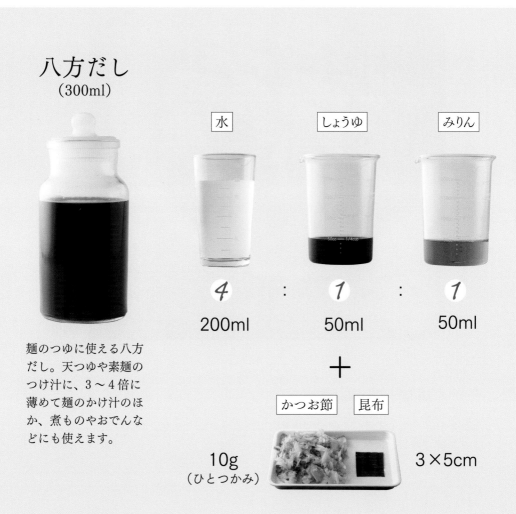

八方だし
（300ml）

水　4　200ml ： しょうゆ　1　50ml ： みりん　1　50ml

+

かつお節　10g（ひとつかみ）　　昆布　3×5cm

麺のつゆに使える八方
だし。天つゆや素麺の
つけ汁に、3〜4倍に
薄めて麺のかけ汁のほ
か、煮ものやおでんな
どにも使えます。

材料とつくり方（300ml分）
水200ml、しょうゆ50ml、みりん50ml、昆布、かつお節を鍋に入れ、
弱火でひと煮立ちさせたら火を止める。万能こし器などでこして、保
存容器に入れる。

保存法
冷蔵庫で保存。3〜4日で使いきる。

ポン酢

（300ml）

しょうゆ		みりん		酢

1	:	**1**	:	**1**
100ml		100ml		100ml
				（柑橘類のしぼり汁も）

しょうゆとみりんと酢があれば、簡単にポン酢がつくれます。酢に柑橘類のしぼり汁を足して、香りを加えても。

材料とつくり方（300ml分）
しょうゆ100mlとみりん100mlを火にかけてみりんを煮きり（料理の風味を生かすため、アルコール分をとばす）、酢100mlを入れてひと煮立ちさせる。

保存法
保存容器に入れ、冷蔵庫で保存。1カ月で使いきる。

洋風ソース
（300ml）

ウスターソース		ケチャップ		赤ワイン

1	:	**1**	:	**1**
100ml		100ml		100ml

ハンバーグや肉や魚のソテー、フライのソースとして使える洋風ソースも手づくりできます。本格的な味を、どうぞご家庭で。

材料とつくり方（300ml分）
ウスターソース100ml、ケチャップ100ml、赤ワイン100mlを鍋に入れ、ひと煮立ちさせる。

保存法
保存容器に入れ、冷蔵庫で保存。1カ月で使いきる。

和風だしと昆布水

すまし汁、煮もの、茶碗蒸しなど、日々の食卓に欠かせない
昆布とかつお節の和風だし。
今回は、昆布を沸とう寸前に取り出すのではなく、
30分ほど火にかけ、エキスをじっくり出しきる方法をご紹介します。
一度で濃いだしが出るので、二番だしはありません。
家庭でつくるだしは、しみじみとした味わいで、なにより安心安全です。
また、昆布を水に入れておくだけで、
簡単にだしがとれる昆布水もおすすめです。

和風だし

材料（できあがり約3½カップ分）
水…5カップ（1L）
昆布…12g（約7×11cm）
かつお節…10g（ひとつかみ）

＊昆布は、真昆布、日高昆布、羅臼昆布、利尻昆布がむく。
＊昆布はあらかじめ2〜3時間以上水につけておくと、さらによくだしが出る。前の晩や外出前からつけておくとよい。暑い時期は、冷蔵庫に入れておく。
＊2のかつお節を入れる前の状態で冷凍もできる。使うときは、解凍、沸とうさせて加熱処理し、かつお節を入れてすぐにこす。
＊保存は冷蔵庫に入れ、なるべく早く使う。
＊だしをとったあとの昆布は、色紙切りにし、しぼったあとのかつお節としょうゆ、みりん（1:1）で煮て佃煮に。

つくり方

1　昆布は乾いた布巾で軽く拭いて鍋に入れ、水を加える。700ml位（3割減）になるまで中火でフツフツとゆっくり30分ほど火にかける。

2　昆布を引きあげてかつお節を入れ、ぐらっとしたら火を止める。

3　さらし、またはぬらしてかたくしぼった厚手のキッチンペーパーをしいた万能こし器でこして、できあがり。

昆布水

材料（1L分）
水…5カップ（1L）
昆布…2枚（10cm角）

大きめの瓶に水と昆布を入れ、冷蔵庫に入れる。1時間ほどで昆布はもどり、旨みが出る。
＊昆布は小さく切って料理に使い、一緒に食べる。
＊昆布水は3〜4日以内を目安に使いきる。

3
忙しい毎日を助ける
「ちょっと調理
＝
もとづくり」

食事は毎日のことだからこそ、上手にやりくりしたいものです。
そんなときに強い味方になるのが、
ちょっと調理がすんでいるおかずの "もと"。
今回は、鶏肉、豚肉、鮭に加え、野菜の "もと" のつくり方と、
それを使ったレシピを紹介します。

＼ つくろう！ ／

肉・魚のもと3種

時間があるときにつくっておけば、さっと炒めたり、
野菜と和えたりと手早く調理できます。
生活スタイルに合わせて倍量つくっておくと重宝します。

鶏肉のもと

塩、胡椒をして素焼き。火が通るのに時間がかかる
鶏肉こそ、まとめて調理しておくと手間の貯金に。

① 切る　　② 塩・胡椒　　③ 焼く

材料とつくり方

1　鶏肉（もも肉とむね肉合わせて 500g）は大き
　めのそぎ切りにする。

2　1の鶏肉に、塩小さじ ½、胡椒少々をふる。

3　フライパンを熱し、2の鶏肉を皮目を下にし
　て入れ、中火にして 7〜8分焼き、表面に焼
　き色がついたら、返して火が通るまで焼く。

［味つけのヒント］
○和風酢じょうゆ味（P.23）
○ケチャップ入り甘酢味（P.23）
○マスタード焼き（マスタード＋しょうゆ）
［もとレシピ］
○カレーしょうゆまぶし　長芋添え（P.46）
○鶏肉と野菜のマリネ（P.47）

豚肉のもと

500gほどのかたまり肉は、
軽めの塩味でゆでておけば、幅広い料理に使えます。

材料とつくり方
豚肩ロース肉（ブロック約500g）をたこ糸で巻く。
深鍋に豚肉と塩小さじ1（肉に対して1%）、ロー
ズマリー1〜2本、かぶる位の湯を加えて、火
が通るまで45分ほど煮る。

[味つけのヒント]
○しょうゆ味（P.22）
○ごまだれ（ねりごま＋しょうゆ＋酢）
○ヴェルデソース（バジル＋パセリ＋酢＋オリーブオイル）
[もとレシピ]
○ゆで豚のハーブバルサミコソースかけ（P.48）
○ピッツァトースト（P.49）

鮭のもと

魚料理の定番の生鮭は、蒸し煮にしておけば、
そのままお弁当にも入れられます。

材料とつくり方
フライパンに水1cm高さ、白ワイン大さじ2、
塩小さじ1、胡椒少々、ベイリーフ1枚を入れ
て煮立て、生鮭4〜5切れ（500g）を入れて落と
しぶたをし、10〜15分ほど蒸し煮にする。

[味つけのヒント]
○しょうゆ味（P.22）
○簡単タルタルソース（マヨネーズ2：バルサミコ酢1）
[もとレシピ]
○鮭の味噌バターかけ（P.50）
○鮭と舞茸のみぞれ蒸し（P.51）

"ちょっと料理おかず"があると…

**時間にゆとりが
生まれる**
火が通っているので、朝
はからめたり和えたりと、
味つけするだけ。調理時
間は半分以下に。

**レパートリーが
広がる**
覚えやすい味つけの配合
で、つくれるおかずのレ
パートリーが増えます。

**味つけが
自在になる**
そのものは薄味なので、
和風、洋風、中国風、濃
いめ、薄めとアレンジが
可能。

**その日の
夕食がととのう**
夕食準備のときにまとめ
て火を通し、夕食用、お
弁当用と味を変えて。冷
凍保存もできます。

野菜
約80g
（1人分）

鶏肉のもとで！

カレーしょうゆまぶし　長芋添え

スパイスの香りで食欲アップ！　お弁当にも向きます。

材料（つくりやすい分量）

鶏肉のもと（P.44）…500g前後

A | カレー粉…小さじ1〜2
　 | しょうゆ…大さじ1〜2
　 | にんにく（すりおろし）…小さじ1

長芋…約300g

つくり方

1　長芋は皮をむいて薄い輪切りにする。

2　ボウルに鶏肉のもとを入れ、Aを順に入れてまぜ合わせ、よくもんで味をなじませる。

3　器に長芋を並べ、2の鶏肉を盛りつける。

野菜
約50g
（1人分）

鶏肉のもとで！

鶏肉と野菜のマリネ

肉にも野菜にも味がしみているので、食欲がない日でもさっぱりと食べられます。

材料（4人分）

鶏肉のもと（P.44）…400g

A
| 玉ねぎ…100g
| 人参…50g
| セロリ…50g
| にんにく（薄切り）…5〜6枚
| セージの葉…5〜6枚

オリーブオイル…大さじ4

レモン汁…大さじ4

塩…小さじ⅓（野菜の0.8%）

胡椒…少々

つくり方

1　玉ねぎはごく薄切りにし、人参は縦半分にして斜めごく薄切り、セロリも斜めにごく薄切りにする。

2　バットにAの野菜半量をしき、半量の塩、胡椒をして、その上に鶏肉のもとを並べ、残り半量の野菜をのせて、残りの塩、胡椒、オリーブオイル、レモン汁をふりかけ、軽く押し、できれば冷蔵庫で一晩ねかせる。

＊ベビーリーフなど好みの生野菜を添えてもよいでしょう。

野菜
約50～100g
（1人分）

豚肉のもとで！

ゆで豚のハーブバルサミコソースかけ

ハーブの香りが口いっぱいに広がります。バルサミコ酢で味わい豊かに。

材料（つくりやすい分量）
豚肉のもと（P.45）…500g前後
ハーブオイル…½ ～ ⅔ カップ
バルサミコ酢…適量
玉ねぎ（紫）、ミニトマト（赤・黄）…適量

つくり方
1　玉ねぎはスライスし、ミニトマトは半分に切る。豚肉のもとは3 ～ 4mm 厚さに切る。
2　器に1の玉ねぎを並べて豚肉を盛り、ミニトマトを飾る。豚肉にハーブオイル、バルサミコ酢をかける。

ハーブオイルの材料とつくり方
（1カップ分）

保存容器に、オリーブオイル⅔カップ、イタリアンパセリ、ミント、バジル、ディルなど3 ～ 5種のハーブ（手でちぎる）合わせて⅔カップ、にんにく小1片、塩小さじ1を入れてまぜ、オリーブオイルにハーブの香りを移す。ハーブがオイルに浸っているようにして冷蔵保存。7 ～ 10日でいただく。

野菜
約40〜60g
（1人分）

豚肉のもとで！

ピッツァトースト

材料を切ってのせるだけ。一品でも大満足の具だくさんトースト。

材料（1枚分）
トースト用パン…1枚（6〜8枚切り）
豚肉のもと（P.45）…2〜3枚（3mm厚さ）
ミニトマト、バジルの葉、パプリカ（黄）、
　マッシュルーム、玉ねぎなど好きな具
　…適量
シュレッドタイプのチーズ…適量

つくり方
1　豚肉のもとは細切り、ミニトマト、パプリカ、マッ
　　シュルーム、玉ねぎは薄切りにする。
2　パンに1、バジルの葉をのせ、上にチーズをの
　　せる。
3　チーズがとろけるまで、オーブントースターで2
　　〜3分焼く。
＊パプリカパウダー、胡椒をかけても。

野菜
約100g
（1人分）

鮭のもとで！

鮭の味噌バターかけ

コクのある味噌バターソースと鮭の相性が抜群！

材料（4人分）

鮭のもと（P.45）…
　　4切れ（1切れ80g前後）
バター、味噌…各大さじ2
しし唐辛子…200g
生椎茸…8枚（200g）
塩…小さじ½
七味唐辛子…適量

つくり方

1　しし唐辛子はかるく切れ目を入れ、生椎茸は軸
　　をのぞく。

2　フライパンに1のしし唐辛子、生椎茸を入れ、
　　フライパンより小さめのふたで押さえながら素
　　焼きにする。仕上げに塩をする。

3　同じフライパンにバターをとかし、味噌を加え
　　てまぜ合わせ、ソースをつくる。

4　器に温めた鮭のもとと2のしし唐辛子と生椎茸
　　を盛り、3の味噌バターソースをかけ、七味唐辛
　　子をふる。

野菜
約210g
(1人分)

鮭のもとで!

鮭と舞茸のみぞれ蒸し

もとを使って蒸す時間も短縮! 帰宅の遅い家族にもうれしい一皿。

材料(4人分)

鮭のもと (P.45) …4切れ

舞茸…200g

大根おろし(汁けを軽くきる)
　…適量

ポン酢 (P.41) …¼カップ

ゆずの皮のせん切り…適量

つくり方

1　舞茸は、小房にほぐして4等分に分ける。

2　アルミホイル1枚に鮭を1切れずつのせ、上に
　1の舞茸、大根おろしを各¼量のせ、ポン酢¼
　量をかけ、ゆずのせん切りをおく。アルミホイ
　ルで包み、同様に4人分つくる。

3　ホイル包みができたらフライパンに並べ、湯を1
　〜2cmの高さまではって、中火で5〜6分蒸す。

野菜のもと3種

今回紹介するキャベツ、人参、ほうれん草は、同じ鍋で順にゆでると一度ですみます。
その場合は、アクが出にくく色の薄いキャベツ、人参、ほうれん草の順にゆでましょう。

キャベツのもと
さっとですが火を通しておくことで、使い勝手がよくなります。

材料とつくり方（1個分）
キャベツ1個は6等分に切り、20秒
ほどさっとゆでてざるに取り湯をきる。

保存法
冷めたら、保存容器
に入れ、冷蔵庫で保
存する。2〜3日で
食べきる。

使い方
サラダ、炒めもの、
酢漬けなど。

野菜
約50g
(1人分)

キャベツの中国風ごま風味
生のキャベツよりたっぷりいただける一品。
常備菜にもどうぞ！

材料とつくり方（つくりやすい分量）
1 キャベツのもと小1個（約600g）は、食べやすくひと口
　大のざく切りにする。
2 ボウルにキャベツを入れ、砂糖大さじ1、白いりごま大
　さじ3をふりかける。
3 鍋にごま油大さじ1〜2、生姜（細いせん切り）1片、赤
　唐辛子（種を除く）1本を入れて弱火にかけ、香りが立っ
　てきたら、酒（または紹興酒）大さじ1、しょうゆ大さじ
　3を加え、熱々を1にまわしかける。
4 酢大さじ2をかけて、よくまぜ合わせる。

＊すぐいただいてもおいしいが、皿1枚を重しにし、しばら
くおくとよく味がなじむ。冷蔵庫で2〜3日保存できる。

野菜
約100g
(1人分)

ベーコン、ソーセージ、キャベツのスープ煮
トロトロキャベツのやさしい味が魅力です。

材料とつくり方（4人分）
1 キャベツのもと½個（400g）を2〜3つに切る。
2 鍋に水3〜4カップと固形スープの素1個（塩分2.5g）、
　ベーコン（薄切り）50〜60g、ベイリーフ1枚を入れて
　火にかける。
3 手引き湯（60℃位）になったらキャベツのもと、ソーセー
　ジ4本（200g）を加え、ふたをして中火弱の火加減で5
　分ほど煮る。
4 塩、胡椒各適量で味をととのえる。

人参のもと

人参は、いろいろな料理に使えるように切り方を変えて、まとめゆでします。

材料とつくり方（3本分）
人参3本は上下4cmを短冊切りか乱切り、細切りに、真ん中を輪切りにして、1分ほどゆでてざるに取る。

保存法
冷めたら、保存容器に入れ、冷蔵庫で保存する。2〜3日で食べきる。

使い方
サラダ、炒めもの、酢漬けなど

野菜
約200g
（総量）

人参のグラッセ風
レーズン入り

人参の甘さを引き出す
レーズンがアクセント。

材料とつくり方（つくりやすい分量）
鍋に5mm厚さの輪切りにした人参のもと200g、塩小さじ½、砂糖小さじ1、ひたひたの水を加え、火にかけ、レーズン（さっと洗う）大さじ1〜2を加えて水分をとばす。

野菜・海藻
約170g
（総量）

人参、三つ葉、
切り昆布の和えもの

香りと食感が楽しく、
箸休めとしてもおすすめです。

材料とつくり方（つくりやすい分量）
3〜4cm長さに細切りにした人参のもと100g（小1本）と、3〜4cmに切った三つ葉（切り三つ葉1束）50gに、切り昆布10〜20gを加え、しょうゆとみりん各大さじ1を加えてよくまぜ、1〜2時間漬ける。
＊冷蔵庫で2〜3日保存できる。

ほうれん草のもと

アクの出やすいほうれん草は、まとめてさっとゆでておきましょう。

材料とつくり方
鍋に湯を沸かし、湯量の1%の塩を入れ、ほうれん草1束（200g）を30秒ほどゆでて水にとり、しぼって5cm長さに切る。

保存法
保存容器に入れ、冷蔵庫で保存する。1〜2日で食べきる。

使い方
ゆでたてはおひたしに。和えもの、炒めものに。

野菜
約40〜50g
（1人分）

ほうれん草のおひたし

定番の副菜は、
お弁当のおかずにも。

材料とつくり方（4人分）
1　ボウルにほうれん草のもと200gを入れて、しょうゆ小さじ2強を入れて「しょうゆ洗い」をする。
2　1をしぼって器に盛り、かつお節適量をふる。

野菜
約50g
（1人分）

ほうれん草のバター炒め

もとを使えば、
あっという間に完成！

材料とつくり方（4人分）
1　フライパンにバター10gをとかし、ほうれん草のもと200gを加えて中火で炒め、塩小さじ⅓で味をととのえる。
2　器に1を盛り、温かいうちにいただく。

4
鍋ひとつ、
手間なしおかず

材料を鍋に入れておけば、
あとは鍋が調理してくれるひとつ鍋レシピ。
中には、材料もそのまま入れるだけという
手間なしおかずも。
一度にまとめてつくれるので、アレンジすることも可能です。

鶏手羽元 1kg のマーマレード煮

砂糖の代わりにマーマレードを使い、
風味とコクを。

材料（つくりやすい分量）
鶏手羽元…1kg

A
| しょうゆ…¼ カップ
| マーマレード…¼ カップ
| 白ワイン…¼ カップ
| 水…½ カップ

つくり方

1 鍋に鶏肉と A を入れ（下写真）、少しぬ
   らしたキッチンペーパーをかぶせ、ふ
   たをして 10 分ほど煮る。

2 ふたを外して、さらに 10 〜 20 分、中
   火弱で煮る。途中、キッチンペーパー
   を取り、全体を返す。

＊手羽元は手羽先や手羽中よりも食べやすく、
もも肉より火の通りが早いのでおすすめです。
＊マーマレードがなければ、レモン 1 個を薄い
輪切りにし、砂糖 ½ カップを加えて煮てもよい。

［アレンジの仕方］
○さいてサラダ、和えもの、炒飯、
スパゲッティなど野菜と一緒に。

［合わせる野菜料理のヒント］
トマトサラダ・花野菜のアンチョビソース（P.33）、茄子ピザ（P.64）など

豚のありがた煮

野菜
約150g
(1人分)

しっかりと味のついた豚肉はそのままでもおいしく、残った煮汁で煮ものもつくれます。
この煮汁ほどありがたいものはないので「ありがた煮」です。

材料(つくりやすい分量)

豚肩ロース肉(ブロック)…500g
豚もも肉(ブロック)…500g

A
酒…1カップ
水…1カップ
しょうゆ…½カップ
砂糖…½カップ

大根…½本(600g)
卵(ゆでる)…4個(200g)

つくり方

1 鍋にAを入れて火にかけ、手引き湯
  (60℃位)の熱さになったら、たこ糸で
  巻いた豚肉を入れる。

2 ふたをして、煮立つまでは中火、その
  後は弱火で、ときどき肉を返しながら
  約1時間煮てそのまま冷ます。

3 卵は、塩少々(分量外)を入れた湯で
  10分ゆでて、ゆで卵にする。

4 大根は皮をむいて4cm厚さの輪切り
  にする。

5 別鍋に、煮汁½カップを入れ、同量の
  水を足して、4の大根と3のゆで卵を加
  え、大根が柔らかくなり、ゆで卵に味が
  しみるまで、ときどき返しながら煮る。

6 2の豚肉を薄切りにして、5の大根、
  半分に切ったゆで卵を盛り合わせる。

[アレンジの仕方]
○薄切りにして、ラーメンの具やサンドイッチに。
○細切りにして、サラダ、和えもの、炒めものに。
○あらみじん切りにして、炒飯、ちまきなどに。

[煮汁を使って]
残ったありがたい煮汁で、大根、じゃが芋、里芋、
玉ねぎ、人参、セロリ、かぶ、白菜、たけのこな
どの野菜を食べやすく切って煮ると、コクのある
おいしい煮ものになります。お弁当にも向きます。

牛タンスライスのしゃぶしゃぶ

だしは切り昆布、塩、酒だけですが、しっかりした旨みに。
あっさりしたタンと、クレソンの苦みがよく合います。

材料（4人分）

牛タン薄切り
　（しゃぶしゃぶ用スライス）…300g
細切り昆布（刻み昆布）…30g
クレソン（または水菜）…200〜300g
塩…小さじ1
酒…大さじ3

つくり方

1　鍋に水3〜4カップと切り昆布⅓
　量を入れて火にかけ、塩、酒を加
　える。

2　1が煮立ってきたら、牛タン、ク
　レソンを少しずつ入れてさっと火
　を通し、昆布も一緒に汁ごといた
　だく。途中、残りの切り昆布を加
　え、牛タン、クレソンをしゃぶしゃ
　ぶする。

＊スープに胡椒適量を加えてもおいしい。
＊野菜は、好きなものを入れてもよいが、
さっと火が通るように、薄切りにしてから
加えましょう。

牛タンをしゃぶしゃぶしたら、切り昆布や
さっと火を通したクレソンを牛タンで巻いて、
アツアツをいただきます。

大豆
約330g
（総量）

大豆のカレー煮

いつもとはひと味違うカレー風味。
ごはんに炊きこめば、ピラフになります。

材料（つくりやすい分量）
ゆで大豆… 2 ½ カップ（330g）
＊乾燥大豆なら…1 カップ（130g）
にんにく…1 片
オリーブオイル（またはサラダ油）
　…大さじ 1
生ミントの葉…約 ½ カップ
　（乾燥なら小さじ 1 〜 2）
塩…小さじ ½
砂糖…小さじ ½
カレー粉…小さじ 1
水… ¼ カップ

つくり方
1　鍋にオリーブオイル、2 〜 3 枚にスラ
　　イスしたにんにく、ミントの葉（飾り
　　用に少し取っておく）、塩、砂糖、カ
　　レー粉を入れて火にかけ、ミントと
　　にんにくの香りが立ってきたら、ゆ
　　で大豆と水を加える。
2　ときどき大きく返しながら、汁けが
　　ほとんどなくなるまで、中火弱で煮る。
3　あら熱をとって器に盛り、ミントの
　　葉を飾る。
＊卵、肉、魚料理のつけ合わせ、ピラフにしても。

大豆のゆで方
○あらかじめ水に浸さずゆでる方法
鍋に乾燥大豆 1 カップ（130g）と、3 倍
の水（600ml）、塩約小さじ ½（水の量の
0.5％）を入れ、中火で 1 時間半ほどゆでる。
＊ゆでると 2.5 倍のかさ・重さになります。

茄子ピザ

野菜
約130~140g
（1人分）

茄子をピザの皮に見立てて。
彩りよいトッピングと、とろりととけたチーズで子どもも喜びます。

材料（4人分）

茄子…2～3本（1本約100g）
ロースハム（スライス）…50g
ミニトマト…8～10個
ピーマン…1～2個
シュレッドタイプのチーズ…50g
サラダ油…大さじ2～3

つくり方

1 茄子は1cm厚さの斜め切りにし、軽く塩（分量外）
　をふってアクを出し、ふき取る。

2 ミニトマトはへたを取って4つ割り、ハムとピー
　マンは細切りにする。

3 フライパンにサラダ油をひいて1の茄子を並べ、
　それぞれに2とチーズをのせる。

4 3を中火弱くらいにかけ、ふたをして焼きはじめ、
　茄子に火が通り、チーズがとけるまで7～8分、
　蒸し焼きにする（途中3～4分で焦げつきそうなら、
　水を大さじ1ほど足すとよい）。

5
肉も野菜も！
栄養たっぷり煮こみ料理

野菜もたんぱく質も一度にとれるおかずは、
食生活の大きな味方。合理的に料理することも
忙しい毎日では必要なことですね。
ひと品で肉も野菜もとれる贅沢おかずから、
素材の味を生かしたレシピ、冬に温まるスープ料理まで、
栄養たっぷりな煮こみ料理6品です。

彩り野菜とひよこ豆のキーマカレー

野菜 約150g (1人分)	豆 約50g (1人分)

ヨーグルトをまぜることでまろやかになります。
野菜は、家にあるものをたっぷり使ってください。

材料（4人分）

合びき肉…300g

赤ワイン…¼カップ

A
玉ねぎ（あらみじん切り）…½個（100g）
にんにく（すりおろし）…小さじ1
生姜（すりおろし）…小さじ1
サラダ油、バター…各大さじ1

B
カレー粉…大さじ2
パプリカパウダー…小さじ2
小麦粉…小さじ1

ひよこ豆（水煮。大豆でも）…200g

人参、セロリ、じゃが芋、茄子、
ズッキーニ、パプリカ（赤）などの
あらみじん切り…500g

C
トマトジュース…1カップ
固形スープの素…1個
塩…小さじ1½
胡椒…少々
りんご（すりおろし）…¼個

ヨーグルト（加糖でも無糖でも）…適量

ごはん…適量

つくり方

1 フライパン（または厚手の鍋）にAを入れて、ゆっくり炒める。

2 ひき肉を加え、色が変わったら赤ワインを注ぎ、5分炒める。

3 Bを加えてまぜ、ひよこ豆も加える。

4 野菜を2〜3回に分けて加えて炒め、Cを加え、弱火で15〜20分ほどていねいに炒め煮する。

5 器にごはんと4を盛りつけ、ヨーグルトをかける。

ヨーグルトはカレーとよくまぜて。加糖タイプならまろやかに、無糖タイプならあっさり味に。

> **ひと言MEMO**
>
> わが家では、ルーでつくるカレーより、ひき肉を使ったこのキーマカレーが人気です。
> たくさんの野菜や豆などを入れるので食べごたえがあり、風味も豊か。幼い子どもは、
> ヨーグルトをかけるのが大好きです。

一度にできるおかずとスープ

豚しゃぶとゆで野菜＆
オニオングラタン風スープ

野菜
約200g
（1人分）

湯を沸かして、火の通りやすい具材から順序よくゆでるだけで、
主菜とスープの2品が完成します。

材料（4人分）
○豚しゃぶとゆで野菜
豚しゃぶしゃぶ用肉…300〜400g
じゃが芋…2個
人参…1本
ブロッコリー…1株

○スープ
玉ねぎ…1個
パセリ…適量
バゲット…4切れ（5mm厚さ）
シュレッドタイプのチーズ…30g
塩…小さじ1
ベイリーフ…1枚
白ワイン…¼カップ
塩、胡椒…各適量

○ソース
マヨネーズ1：バルサミコ酢1

つくり方

1　じゃが芋、人参は1cm厚さの輪切り、ブロッコリーは小房に分ける。スープ用の玉ねぎは薄切り、パセリはみじん切りにする。

2　鍋に5カップ（1L）の湯を沸かし、塩、ワイン、ベイリーフを入れて沸とうさせ、1のブロッコリーをゆで、すくい上げる。次に1のじゃが芋、人参を入れてゆで、そこに豚肉を1枚ずつ入れて、色が変わったらすくい上げる。途中アクが出たら、必ず取りのぞく。

3　柔らかくなったじゃが芋、人参をすくい上げ、アクはきれいに取りのぞく。

4　3の湯に玉ねぎを入れ、塩、胡椒で味をととのえる。

5　バゲットにチーズをのせ、オーブントースターでチーズがとけるまで焼く。

6　4のスープをカップに注ぎ、5のバゲットを浮かせてパセリをふる。

7　器に2の豚肉、じゃが芋、人参、ブロッコリーを盛り合わせ、まぜ合わせたソースを添える。

ひと言MEMO
このレシピは、野菜と肉を同じ湯でゆで、両方の旨みを含んだゆで汁をスープに仕立てるので、すべてを無駄なくいただけます。スープに、バゲットとチーズを浮かべれば、よそゆきに。

夏野菜の煮こみ

野菜だけの煮こみが大好きで、つくっていると幸せな気持ちになります。
野菜の旨みと甘みがギュッとつまった一品。

材料（1単位）

玉ねぎ…1個

にんにく…1片

ゴーヤ…1本

南瓜…200g

ピーマン…2個

トマト…2個

茄子…2本

セロリ…1本

オクラ…1袋

サラダ油…大さじ2

塩…小さじ2

胡椒…少々

ナンプラー（あれば）…適量

＊夏野菜は合わせて1kgにする。季節
の野菜を取り合わせて。

＊味つけは、野菜総量の1％の塩分に。

つくり方

1　玉ねぎは1.5cm角に、にんにく
はつぶしてから薄切りにする。

2　ゴーヤは縦半分に切り、種とわ
たを取って2cmくらいの角切
りにする。南瓜とピーマンは種
を取り、トマトと茄子はへたを取
り、セロリは筋を取り、同じよ
うに2cm角に切る。オクラは
へたを取り、ひと口大に切る。

3　鍋に油、1の玉ねぎ、にんにく
を入れ、中火にかけて炒める。

4　3の玉ねぎがすき通ったら、2
の野菜をすべて入れ、強火にし
て炒める。全体に油がまわっ
たら、中火弱にして、塩、胡椒、
ナンプラーで味をつけ、ときど
きまぜながら、20〜30分煮こむ。

＊冷めてもおいしく食べられます。
＊肉や魚料理のつけ合わせやオムレツの
具に。角切りの豚肉と一緒に煮こんでも
おいしい。

ひと言MEMO

フィリピンの夏野菜の煮こみにヒントを得てつくった料理で、ゴーヤを入れるのがポイントです。野菜は残り野菜などの家にあるものや季節の野菜など、なんでもOK。アレンジができ、野菜もたくさんとれるので、わが家では、なくなればまたつくる常備菜のような一品です。中でも南瓜入りが気にいっています。

たっぷり野菜のポトフ

野菜
約200g
(1人分)

大きく切り分けた野菜と肉、ソーセージの入ったスープ。
翌日はカレー味を効かせて。

材料（4人分）
牛ロース肉またはもも肉（ブロック）
　　…200 〜 300g
ソーセージ（フランクフルト）…4本
玉ねぎ、キャベツ、人参、
　　セロリ、じゃが芋…合わせて 800g 〜 1kg
水…5 〜 6 カップ
ベイリーフ…1 枚
塩…小さじ ½
胡椒… 少々
固形スープの素…1 個
粒マスタード… 適量

つくり方

1　玉ねぎ、キャベツは芯と一緒に 4 〜 6
　　つ割り、人参は長いまま 4 つ割り、セ
　　ロリ、じゃが芋は大きめに切る。

2　深鍋に分量の水を入れて火にかけ、牛
　　肉、玉ねぎ、人参、セロリ、ベイリー
　　フを入れる。煮立つまでは強火、その
　　後は弱火にし、アクを取りながら材料
　　が柔らかくなるまで煮て、塩、胡椒、
　　固形スープの素を加える。

3　ソーセージ、キャベツ、じゃが芋を加
　　え、ことことと中火弱位で、さらに 15
　　〜 20 分位煮る。味をみて、塩、胡椒
　　（分量外）でもう一度ととのえる。

4　器に盛り、粒マスタードを添える。

＊朝、2までつくっておき、帰宅後3をして仕上
げてもよい。
＊かぶを入れても。

ひと言MEMO

炒める、焼くなどの手間がいらず、材料をまとめて火にかけるだけの煮こみ料理は、
忙しいときの強い味方です。煮こむほどに旨みが出て、おいしくなります。シンプル
な味つけにしておけば、味を変えることもでき、飽きずに食べられます。

白菜と肉だんごのクリームスープ

野菜
約200〜
250g
(1人分)

パセリとパルメザンチーズが入った肉だんごの、イタリア風クリームスープ・ポルペッティ。
柔らかく煮こんだ白菜をミルク仕立てに。

材料（4〜5人分）

白菜…½株

マッシュルーム…100g

玉ねぎ…½個

ベーコン…50g

バター…大さじ1〜2

湯…3カップ

牛乳…2カップ

［肉だんご＝ポルペッティ］

A｜豚ひき肉または合びき肉…200g
　｜パン粉…¼カップ
　｜パセリ（あらみじん）…大さじ2
　｜パルメザンチーズ…大さじ1〜2
　｜塩…小さじ⅓
　｜胡椒…少々

つくり方

1　Aをよくまぜ合わせておく。

2　ベーコンは食べやすい大きさに、
　　玉ねぎは薄切りにする。鍋にバ
　　ターとベーコンを熱し、玉ねぎ
　　を炒める。

3　白菜を縦に4等分、または4〜
　　5cmのそぎ切り、マッシュルー
　　ムを2〜4つに切って加える。
　　全体に脂がまわったら、分量の
　　湯を注ぐ。

4　煮立ってきたら、Aをスプーン
　　ですくい、落としていく。

5　肉だんごに火が通ったら、牛乳
　　を加えてひと煮立ちする。

＊好みでパルメザンチーズをふっても
よい。

＊牛乳と一緒に生クリームを1人大さ
じ1〜2杯加えてもよい。

ひと言MEMO

鍋ひとつで仕上げられるクリーム系の煮こみ料理です。鍋の中にたっぷりの野菜と肉
が入っているので、つけ合わせは野菜の蒸しゆでや P.90 で紹介する野菜の甘酢漬け、
サラダなどで充分。主食は、ご飯でもパンでも合いますよ。

牛ほほ肉の煮こみ

野菜
約120g
(1人分)

牛肉に香りをつけ、柔らかくするために、
はじめに赤ワインだけで煮るのがポイントです。

材料(4人分)

牛ほほ肉(またはカレー用の牛角切り肉)
　　…400 g

赤ワイン…½ カップ

A
| にんにく…1 片
| 玉ねぎ…中1個
| セロリ…1 本

エリンギ…大1本

B
| トマトジュース…2 カップ
| ウスターソース…大さじ1 ～ 2
| ベイリーフ…1 枚
| 固形スープの素…1 個

パスタ(タリアテッレやフェットチーネなど)
　　…200 ～ 280g

セロリの葉(細かく刻む)…適量

塩、胡椒…各適量

つくり方

1　牛ほほ肉は4つに切る。にんにくは包
　丁の背でつぶし、玉ねぎは1cm くらい
　の角切り、セロリは茎、葉ともに1cm
　くらいに切り、葉の一部はパスタ用に
　残しておく。エリンギは、1cm くらい
　の角切りにする。

2　鍋に赤ワイン、1の牛肉を入れ、ふた
　をして弱火で5分煮たらAを加え、さ
　らに5分煮る。

3　2にBを加えてひとまぜしたら、再び
　ふたをして30 ～ 40分、肉が柔らかく
　なるまで煮こむ。途中、15 ～ 20分ほ
　どたったらエリンギを加えてひとまぜ
　し、塩、胡椒で味をととのえる(途中、
　水分が減ったら、水を加える)。

4　ゆでたパスタに1の刻んだセロリの葉
　を合わせ、3の煮こみと一緒に器に盛
　りつける。

ひと言MEMO

牛ほほ肉は、食べでがあるように大きく4つに切りましたが、子どもと食べる場合は、
カレー用の牛角切り肉を使い、食べやすくしてもよいでしょう。パスタと合わせてワン
プレートにすれば、見ためにも楽しいうえ、洗いものも減って片づけが楽になりま
すね。

段取り上手の心得

料理は、材料がどう食卓に並ぶかをイメージしながら、
手を動かしていくものです。
「材料は揃っている？」「使う道具は？」「何から始める？」など、
一歩先を想像しながら進めることが"段取り"。
段取りの第一歩は、材料がいつでも料理できる状態にあることです。
時間にも気持ちにも余裕が生まれるので、
台所しごとがもっとスムーズに楽になります。

段取りよくつくる［4つのポイント］

1 買ってきたらしておきたい先手仕事

[洗っておく]
葉もの野菜を洗う。
根菜類の土を落とす。

[ゆでておく]
乾物（海藻など）をもどす。豆を
ゆでる。
じゃが芋は一度に3〜4個ゆでる
（または蒸す）。冷蔵庫で3日ほど
保存できる。熱いうちにつぶして
冷凍も可能。南瓜、さつま芋、人
参も同様にゆでておく。
ほうれん草は2束まとめてゆで
る。その日に食べるほかは、冷蔵
庫で2〜3日保存できる。

[塩をしておく]
野菜は重さの1〜3％量の塩をし
て保存しておけば、サラダ、スー
プ、炒めものに。
キャベツ（ざく切り）、玉ねぎ（薄
切り）、大根（短冊切り、乱切り）
など。

2 手順をイメージして下準備

献立に合わせて大まかな手順を考え、前日や朝など、
家事の流れの中で下準備を。調理に取りかかる前に、
材料や調味料、器具を調理台に揃え、煮こみ料理な
ど時間がかかるものからスタートします。

3 同じ作業はまとめてする

刻む、ゆでるなどは一度にすませることで、流れが
スムーズになります。

4 ひと仕事、ひと片づけ

調理台やシンクが整っていると調理がはかどりま
す。使ったらしまう、汚れたら拭くなど、そのつど
片づけることを習慣にしましょう。使いやすい収納
や置き場所を見直すことも大切です。

6

手早くできる、
主食で主菜の一皿

「夕食までの時間がない」「品数を多くつくれない」というときこそ、
野菜と肉や魚を一緒にとれる主食のような
主菜レシピの出番です。
これに冷蔵庫にある常備菜をたせば、家族が喜ぶ食卓の完成です。
思わずおかわりしたくなるおいしさです。

生鮭と菜の花のクリームパスタ

野菜
約30g
(1人分)

材料を重ねて入れるだけの「包丁いらず」の一皿。ゆであげたときに、
ちょうどよい柔らかさになる具材を選ぶのが、おいしくつくるコツです。

材料（4人分）

ペンネ（ゆで時間7〜10分のもの）
　…250g
生鮭…200g（2切れ）
菜の花…120g
かつおだし…約2カップ
塩…小さじ⅔〜1
生クリーム（脂肪分35%以上）
　…½カップ
＊野菜はブロッコリーやカリフラワー
などでも。

つくり方

1　生鮭はキッチンペーパーなどで水けをふき、菜の花は長さを3〜4つにちぎる。

2　鍋にペンネ、1の生鮭、菜の花の順に重ね、塩を入れ、ひたひたにだしを注ぐ。

3　ふたをして中火にかけ、煮立ったら弱火にし、ペンネのゆで時間分（10分ほど）加熱する。鮭を崩さないように注意しながら、ときどき鍋底を箸などでまぜる。

4　ペンネに火が通ったら火を止め、鮭の骨、皮を取る。

5　生クリームを加えて再び加熱し、ヘラで大きくまぜて、菜の花、鮭を崩してペンネにからむようにする。生クリームは熱しすぎると油っぽくなるので注意しながらまぜる。

＊仕上げに胡椒をふってもおいしい。

パスタをゆでるときの基本の塩加減

ペンネやスパゲッティなどのパスタをゆでるときは、湯の量に対して1%の塩が基本です。例えば、1Lの湯でゆでる場合は、塩小さじ2杯（10g）を加えましょう。パスタそのものに塩味があると、ソースの塩分を控えめにしても、おいしく感じられます。

ブロッコリーと
ベーコンのバターライス

野菜
約50g
（1人分）

ブロッコリーを丸ごと炊飯器に入れて炊いてしまう豪快レシピ。
炊きあがったら、柔らかなブロッコリーをごはんにまぜこんで、品のよいバターライスに。

材料（4人分）

米（といでおく）…2カップ
塩…小さじ½
水…440～480ml
白ワイン…大さじ2
ブロッコリー…200g
　（1株は200～300g）
ベーコン（薄切り）…3枚（30g）
バター…10～20g
パルメザンチーズ…適量

つくり方

1　ブロッコリーは洗って、茎と房に分け、房の部分はそのまま、茎は皮をむいて1cm角に切る。ベーコンは7mm幅に切る。

2　米に、白ワインを加えて普通に水加減し、塩を加え、1のブロッコリーとベーコンを入れて普通に炊く。

3　炊きあがったら、バターを加えて、ごはんとブロッコリーをほぐし、よくまぜ合わせる。

4　器に盛ってパルメザンチーズをかける。

炊きあがったらしっかりほぐすので、丸ごと入れてOK。

炊飯器の中で、よくよくほぐしてまぜ合わせてから、器に盛る。

サラダずし

野菜
約90g
(1人分)

さっぱりとした味つけのサラダずし。肉料理のつけ合わせにしても合います。

材料 (4〜5人分)

米 (といでおく)…3カップ
酒…大さじ2
水…600ml (酒大さじ2を含む)
A ┌ 酢…大さじ3〜4
  │ しょうゆ、砂糖、ごま油…各大さじ1
  └ 塩…小さじ1
鶏ささみ…2本
酒…大さじ1
きゅうり…1本
トマト…1個
ザーサイ…30g
ピーナッツ、香菜…適量

つくり方

1 きゅうりとトマトは1cm角、ザーサイとピーナッツはあらみじん切りにする。

2 米は、酒を加えた水 (米と同量) で炊く。

3 ささみは耐熱容器にのせて酒をふりかけ、ラップをして電子レンジ (600W) で2〜3分加熱し、手で細かくさく。

4 炊きあがったごはんを飯台にあけ、まぜ合わせたAをまわしかけて、しゃもじで切るようにまぜる。

5 4に3のささみ、1のきゅうり、トマト、ザーサイを加えてまぜる。

6 器に5を盛り、ピーナッツと香菜を飾る。

＊ささみのほか、1cm角に切ったハムや焼き豚を加えてもよい。

具材を加えたら、しゃもじで全体を手早くまぜ合わせます。飯台としゃもじは、水で湿らせてから。飯台がなければ、大きめのボウルでも。

大豆のカレー風味ごはん

野菜 約20g（1人分） 豆 約50g（1人分）

豆も野菜もとれる炊きこみごはんは、栄養満点なうえ、包丁いらずの短時間料理。

材料（4人分）

米（といでおく）…2カップ
水…440～480ml
ツナ缶…大1缶（165g）
ゆで大豆缶…大1缶（200g）
赤ピーマン…3個（100g）

A｜カレー粉…小さじ1
　｜固形スープの素…1個
　｜（または塩小さじ ½）
バター…大さじ1

つくり方

1　米は、普通の水加減にする。
2　赤ピーマンは手で握ってつぶし、種とへたを取りのぞき、大きく2～3つにさく（食べやすく切ってもよい）。ツナ缶、大豆缶の汁けをきる。
3　1に2を入れ、Aを加えて炊く。
4　炊きあがったらバターを加え、へらで赤ピーマンをつぶしながら、全体を大きくまぜる。

＊万能ねぎの小口切りやパセリのみじん切りを散らしてもよい。

かじきのペンネ

野菜
約200g
(1人分)

かじきと食べやすいショートパスタのペンネを合わせて。

材料(4〜6人分)

ペンネ…200g (1人50g)
かじき(切り身)…3〜4枚(200g)
玉ねぎ…中1個
にんにく…1片
トマト…2個
セロリ…1本
エリンギ…100g
オリーブオイル…大さじ2〜3
ペンネのゆで汁…適量
塩…小さじ2/3
胡椒…少々

つくり方

1 かじきは1cm角に切る。玉ねぎは薄切りにし、にんにくはつぶして細かく切り、トマトは皮をむいてざく切りにする。セロリは筋を取って3〜4cm長さの短冊切り、葉も使う。エリンギは3〜4cm長さの薄切りにする。

2 鍋にオリーブオイル、1の玉ねぎ、にんにくを入れ、弱火でよく炒める。かじきを加えて炒め、残りの野菜を入れて塩、胡椒する。

3 たっぷりの熱湯に1%の塩(分量外)を入れてペンネをゆでる。

4 3のゆでたてのペンネとゆで汁を2に加え、弱火でパスタを和える。火をつけたまま和えると、ソースがよくからむ。

あると便利なサラダ感覚の常備菜

すぐに食べられて展開のきく、サラダ感覚の常備菜を
いくつか用意しておくと、あと1品というときに助かります。
漬けておくだけ、炒めるだけの簡単常備菜です。

野菜500gの浅漬け（塩分は野菜の重さの2%）

わが家で欠かしたことのない浅漬け。1品でたくさんの味わいが楽しめ、
緑黄色、淡色野菜がバランスよく食べられます。
塩分を1%（5g）にすると、炒めもの、焼きそばやラーメンの具にも使えます。

材料（つくりやすい分量）

キャベツ…¼個（200g）
人参…½本（50g）
セロリ…½本（50g）
ピーマン（赤）…3個（150g）
ブラウンマッシュルーム
　…2～3個（50g）
赤唐辛子…1本
塩…小さじ2（2%の10g）
酢…大さじ1

つくり方

1　キャベツは4～5cm長さ、2cm幅の
　　ざく切り、人参は縦半分に切り、斜め
　　薄切り、セロリは筋を取って5mm幅
　　に切り、ピーマンは2～3mm幅の斜
　　め切り、マッシュルームは、縦4～5
　　枚に切る。
2　密閉袋か保存容器に1の野菜と赤唐辛
　　子を入れ、塩を2、3回に分けて加え、
　　そのつど手でもむ。
3　酢を加えてよくもんでまぜ、冷蔵庫に
　　入れる（袋の場合は、中の空気を抜く）。

保存法

半日以上経ったころからが食べごろ。冷蔵
庫で4～5日保存できる（塩分1%の場合は2～
3日）。

常備菜のヒント

まとめづくり
同じ時間をかけるなら、まと
めてたくさんつくる方が一度
ですんで効率的です。

食べごろ
塩分1%の浅漬けの場合はす
ぐ、2%の浅漬けの場合は2
～3日おいて味がしみてから
が食べごろです。

保存容器
においがつかないガラスや
ホーローのふたつきの容器が
おすすめです。液もれもなく、
使い勝手がよいでしょう。

野菜の甘酢漬け

基本の甘酢の中に、野菜を漬けこんでおくだけ。
季節によって旬の野菜を漬けて冷蔵庫に常備しています。

甘酢の型紙 (つくりやすい分量)
野菜 600 〜 800 g 分 (½ 量でもよい)
甘酢　1 カップ分
┌ 酢…1 カップ
│ 砂糖…⅓ 〜 ¼ カップ
│ 塩…小さじ 1
└ 昆布 (3〜4cm)…1 〜 2 枚

つくり方
1　甘酢は合わせておく。
2　野菜は食べやすく切り、材料が見えか
　　くれする位の甘酢を注ぐ。

保存法
保存容器に入れ、冷蔵庫で保存。1 週間で
食べきる。

セロリの甘酢漬け
セロリ (1〜2本) は薄い斜め切りに
する。にんにく 1 片と一緒に甘酢
適量に漬ける。

長芋の甘酢漬け
長芋 (200g) は長さ 5cm の拍子木
切りにする。昆布ごと甘酢適量に
漬け、しょうゆ少々を加える。

大根の甘酢漬け
大根 (300g) は薄い半月切り、また
はいちょう切りにする。赤唐辛子 1
本を入れて甘酢適量に漬ける。

人参の甘酢漬け
人参 (中 2 本・300 〜 400 g) は、
長さ 5cm の棒状に切る。ベイリー
フを加えて甘酢適量に漬ける。
＊さっと湯通ししてもよい。

茄子のミントマリネ

イタリアの家庭料理。香りも豊かな副菜。

材料 (つくりやすい分量)

茄子…200g

塩…小さじ ½

A
酢…大さじ 1
塩…ひとつまみ
サラダ油…大さじ ½
にんにく(薄切り)…3 枚
ミントの葉…2 〜 3 枝分

オリーブオイル…大さじ 2 〜 3

飾り用ミントの葉…適量

つくり方

1 茄子はへたを取り、長ければ食べやすく半分の
長さにし、さらに縦 4 〜 6 つ割りにし、塩をふる。
水にさらさない。

2 フライパンにオリーブオイルを入れ、水けをふ
き取った茄子を入れ、手早くまわしながらさっ
と火を通す。

3 ボウルに A を入れ、2 を加えて和え、ミントの
香りを移したら盛りつける。彩りにミントの葉
を飾る。冷たくしてもおいしい。

＊冷蔵庫で 2 〜 3 日保存できる。

漬けるだけ［野菜調味料］

つけ合わせの野菜として、［野菜調味料］として、
ほかの食材と合わせておかずに仕立てても。

しょうゆ・みりん人参

人参を生のまま使い、歯ごたえを楽しみます。
納豆やとろろにまぜて副菜に、するめと三つ葉と和えれば松前漬け風に。
漬け汁ごと、糸こんにゃくやひじきと炒め煮にしてもよいでしょう。

材料
人参…200g
しょうゆ、みりん…各大さじ2

つくり方（つくりやすい分量）
人参は皮をむいて、せん切りにする。保存容器に入れ、しょうゆとみりんを加えてよく和える。

保存法
冷蔵庫で1週間保存できる。

酢玉ねぎ

玉ねぎの辛みがやわらいで、食べやすくなります。
トマトと水菜と合わせてサラダに、
焼いた厚揚げに削りがつおと一緒に
のせていただくのもおいしい。

材料
玉ねぎ…中1個（200g）
塩…小さじ⅖（1%）
酢…¼カップ

つくり方（つくりやすい分量）
玉ねぎは薄切りにしてボウルに入れ、塩、酢を加えてざっとまぜる。手で軽くもみ、しんなりしたら保存容器に入れる。

保存法
冷蔵庫で1週間保存できる。

酢油キャベツ

生のままでは量の多いキャベツも、たっぷり食べられます。パスタの具に、
人参とマヨネーズと和えてコールスローサラダに、豚しゃぶのトッピングなどに。

材料
キャベツ…¼個（200〜300g）
酢、サラダ油…各大さじ1

つくり方（つくりやすい分量）
キャベツは食べやすい大きさに手でちぎり、熱湯をまわしかけ、湯をきる。保存容器に入れ、酢とサラダ油をまわしかけ、ひとまぜする。

保存法
冷めたら冷蔵庫へ。4〜5日保存できる。

台所だより
その*4*

3世代、わが家のにぎやかキッチンから

楽しく
キッチンに立つ工夫

同じマンションに住む息子夫婦には、保育園から大学生まで4人の
子どもがいます。育ち盛り、食べ盛りですから、
わが家の食卓はフル稼働。そんなわが家の、いつでも料理にとりかかれて、
みんなが楽しくキッチンに関われるような6つの工夫です。

1 いつも食材があること

　料理は、食材が揃っていれば半分できたようなものです。

　いつでも、野菜のかごには玉ねぎ、じゃが芋、人参。それから、青菜。冷蔵庫には豆腐、納豆、卵。肉か、魚の切り身や干もの（ちりめんじゃこ、ししゃもなど）くらいは揃えておきたいですね。これだけあると、あとはごはんが炊けて、味噌汁ができれば、じゅうぶん食卓がととのいます。

　材料さえあれば、なにかできます。あたり前のことですが、まずはそこから。

2 見当をつける

　なにも考えずにキッチンに立ち、冷蔵庫を開けて「なにつくろうかな……」というのでは、なかなか料理は始まりません。今晩、明日、1週間と、大まかにでもメニューを考えたり、そのための買いもの、手順などの見当をつけておきます。常に少し先を考えておくことが、スムーズに料理にとりかかる第一歩。

3 ワンタッチ調味料が料理の腕を上げる

　わが家でもっとも出番が多いのは、P.22で紹介したしょうゆ味の「3（しょうゆ）：2（みりん）：1（砂糖）：1（酒）」の合わせ調味料。照り焼き、肉じゃが、筑前煮、蒲焼き……と大活躍。これに干し椎茸や昆布をプラスすれば、さらに料理は広がります。"煮ものは難しい"と思っていた夫も、この合わせ調味料のおかげですっかり上達。気軽に料理をする中で、レパートリーも広がりました。

4 誰でもわかる物の置き場

　家族から、「あれはどこ?」と聞かれると、自分でした方が早いとさえ思ってしまいます。

　わが家では、10年ほど前にキッチンをリフォームしました。鍋や調理器具、食器の持ち数を見直し、食器は幼い孫でも手が届く引き出しに入れ換え、炊飯器も同じ高さの棚に設置。しぜんにテーブルセッティングをするようになりました。ちょうどよい量か、使いやすい置き場所か、点検してみましょう。

5 やりたいことができるように

　野菜を洗いたい、刻みものをしたい、盛りつけたい……。孫たちを見ていると、それぞれやりたいこと、興味のあることは時々に違うと感じます。「危ない、ダメ」という言葉はぐっとこらえて、できることをしてもらいましょう。洗いやすいようにシンクのそばに踏み台を置く、固いものでなく、柔らかくて切りやすい材料を切ってもらうなど、やりたい気持ちにこたえる準備をしたいと思います。

6 キッチンをあけわたすこと

　忙しいときには、台所しごとを一から夫に任せるときがあります。また、じゃが芋、人参、玉ねぎをゆでた鍋を、夫に引き継ぐときもあります。すると、冷蔵庫にあったはずのものが冷凍庫に入っていたり、クリームシチューにしてほしかったのにカレーになっているなど、思いがけないできごとはいろいろ起こります。でも、キッチンはみんなが主役。気持ちよく働けるように、場所も心もあけわたします。

「おわりに」にかえて

『婦人之友』2011年3月号より、再構成しました。

　2人の子どもの子育て中は、家事すべてを自分ひとりですることがあたり前でした。食事づくりに明け暮れ、手早く調理するためには? どうくりまわそう? と実践していました。そして今、共働きの息子夫婦が加わる暮らしになり、家族が協力しなければ、キッチンはまわっていかないと感じます。孫たちと一緒につくったり、盛りつけたり。「えっ」と驚きながらも、愉快なことは今しかないと、楽しんでいます。

　今、子育ての渦中にいる若いお母さんには、思った通りにできない子どもたちを、見守る余裕はないかもしれません。けれど、少し待ってみて。食は、家庭の中で育つものです。家族みんなが力を出し合いながら食卓をととのえ、しぜんに食の力もつけていっていただけたらと願います。

本谷惠津子（もとや・えつこ）

料理研究家。上智大学外国語学部卒業。家庭料理の基礎は沢崎梅子氏、のちに姑となる本谷滋子氏に、西洋料理は石黒勝代氏に師事。4人の孫を持つ経験を生かした、段取り上手な手早い料理や、食事を楽しくする料理に定評がある。雑誌や書籍で活躍するほか、講演会や料理講習会の講師として、日本全国をまわり活動する。1947年生まれ。

撮影 ・・・・・・・・・・・・・・・ 鈴木正美
　　　　　　　　　青山紀子（P.64、77、80、86、87）、徳山喜行（P.54、93）
スタイリング ・・・・・・ 中村和子
デザイン ・・・・・・・・・・・ 中島美佳
イラスト ・・・・・・・・・・ すがわらけいこ
編集協力 ・・・・・・・・・・・ 吉塚さおり

家庭料理の手ほどき帖
〜惠津子流料理のたねあかし〜

2020年6月20日　第1刷発行

著者 ・・・・・・・・・・・・・・・ 本谷惠津子
編集人 ・・・・・・・・・・・・・ 小幡麻子
発行人 ・・・・・・・・・・・・・ 入谷伸夫
発行所 ・・・・・・・・・・・・・ 株式会社　婦人之友社
　　　　　　　　　〒171-8510
　　　　　　　　　東京都豊島区西池袋2-20-16
　　　　　　　　　https://www.fujinnotomo.co.jp
　　　　　　　　　電話　03-3971-0101（代表）
印刷・製本 ・・・・・・・ 大日本印刷株式会社